시인 정정순

미늘

정정순 시집

미늘

Poetics 시학

■ 시인의 말

날것 그대로 숙성되지 않는
수줍은 속살 내비치는 부끄러움
첫 이슬 털은 풀밭에 쏟아부었다

벌겋게 타올라 하얗게
지새운

살 터져 부서지는 붉은 비늘
한 오라기 눈 틔운
꽃잎인 듯 이슬인 듯

떨림으로
설렘으로
가슴 울림으로

올봄 시는 첫사랑으로 다시 시작된다.

2015년 3월
綠園 정정순

차 례

제2부

제3부

제4부

제1부

그립다는 것

그립다는 것
쪽빛 바다 한 줌 수줍게 봉숭아 꽃물 들이는 것

이울진 여름밤
홑이불 자락 끌어당기는 게
은은히 발등 흐르다 머무른 달빛이란 것

나를 불러 세우는 것이
길섶에 밟히는 작은 풀꽃 향기라는 것

세월의 물레 살에 매듭 홀치듯
아픔도 묵히면 그리움 홀치듯

그립다는 것

메마른 숨 여닫으며
절절히 가슴으로 그리는

첫눈

첫눈이 내린다

저 눈발 봉숭아 핏빛 물들어
뚝뚝 떨어진다

긴 여름 끝자락 물고
꿈꾸는 눈빛 엮어
지금쯤 풋살 터진 어느 아이 손톱에

홍자색 물 봉선은 첫사랑으로 피어 있고

가슴 비 흐르는

내년엔
열 손톱 붉은 석류알 박아
첫눈 오라 하련다

목련

올해도
목련은 그 자리에서

하얀 버선발 뒤꿈치 들고
살포시 옷섶 여미며

신음 소리 하얗게 들리더니

오늘은 햇살에 걸터앉아

밤새 눈물 찍은
자주 고름 풀어 헤친다

하루

하루를 연다

가슴 벅차 감당키 어려운 새털처럼 많은 날
이제 하루 사흘 바람처럼 사라진다

똑같은 얼굴의 하루도 없고 소리도 없는

뜨거운 불 지핀 청춘 태우지도 못한 채 사그라지고

그 하루
사랑하는 사람 만나고 잃었다

회한의 아픔 어슴푸레 하늘에 걸린 낮달 마냥 쓸쓸한 하루
어제를 동여맨 낙엽으로 진다

뱀 혓바닥처럼 몸 핥는 고독
검은 침묵 물 흐르며

더 부서져야 완성된 하루

나는 닳고 닳은 바람으로 서 있는

내 오늘 하루
어떤 이 생명 갈구하는 기도로 하루를 닫는다

어느 여름날 아침에

하늘의 여백에
산 날개 기대어 비비며 더 눈부시다

수목 여름 생의 절정에
진초록 눈물 뚝뚝 흐르며 무섭게 살갗이 타는

덥힌 몸 젖어 밤새껏 뒤척이더니
아침 맑은 햇살
이슬 털은 몸 풀고 앉은 치마폭에
고운 풀빛 삽삽이 풀어 내리고
나른한 행복에 졸며
다시금 고요 짙게 흐르며

바람 한 오라기
새끼손가락 무어라 쓰더니
가닥가닥 줄지어 멀리멀리 흩어진다

호수 잔물결 거머쥐고

자글자글한 땡볕에

또 부대끼며
몸 울어 하루를 보내는

시詩

시
바람처럼
끝 간 데 없는
그리움의 미학인가

마음 늘 채워지지 않는 빈
결핍의 미학인가

하나의 시어 끈에 매달려
깊지 않은 짧은 머리 조르고 또 조르고

벌겋게 달구어져 타올라
하얗게 긴 밤 지새우는

살 터져 부서지는
실 빗살에 꿰인
붉은 비늘 한 오라기 눈 틔운

이슬인 듯 눈물인 듯
곱게 엮어 펼치는
미세한 떨림

얼음장처럼 차가운 심장에 뜨거운 피 흐르는
환희의 순간은 찰나로

다시금 갈증에 목이 타는
이 초라한 가슴

청산도

푸르다 못해 눈물 흐르는 바다
발아래 하늘 그림자 풀어 내린다

황톳길 쉬엄쉬엄 다리품 파는
구들장 돌담 바람결 그리움 감추고

마을 잔등 넘어
진도아리랑 구부구부 눈물이 나는
파도 실려 멀리 떠다니고

금빛 반짝이는 잘잘한 물결
연잎 청잣빛 나풀거리며

하늘 바다 걸치는 마음 끝자락도
바다 가르는 어깻짓도
맥랑 스치는 바람 소리도 푸르다

청산도라서 그렇다
청산도라서 눈물이 난다

가을 언저리

그리 바쁘게 흠뻑 불 지피더니
그리도 빨리 허무하게

조락과 결실 이별 여행 떠나는 가을 언저리
맴도는 박하빛 햇살은

눈길 주는 데마다 가을을 빚고
첫사랑의 설렘
하얀 그리움 누이고

산은
가슴 벌겋게 단 나무
달뜬 눈물 숨 고를 때
벗다가 벗으려다가 못 벗은 비늘 떨구고

절벽은 옥빛 하늘 푸르러 오르려 하고

자줏빛 치마폭에 얼굴 파묻는 노을

숨비 소리*

시린 가을 물색 바다는 깊어만 가고

뭍의 뜨거운 가슴
바다 깊이 푸른 눈물 흩뿌리는

오늘도 세상에서
가장 절박한 아름다운 끊어질 듯 토해 내는 소리
바다 풀어내는 울음소리 그치는

목숨 풀어 쉼 없는 물질
저승과 이승을 오가며
해녀는 저승에서 벌어 이승에서 사는

굽 흐르는 세월
하얀 입술 바들거린 숨비 소리 되새김질하는

그늘진 잔등 뒤로
주홍빛 한 뼘 노을에

젖은 비늘 널어 말리며

바람에 긁힌 얼굴
푸른 미역 줄기 휘감은 아기 손바닥만 한 전복에
함지박 웃음 곱기만 하다

* 잠수하던 해녀가 바다 위에 떠올라 참던 숨을 휘파람같이 내쉬는 소리.

지금 은빛 설원에는

지금 은빛 설원에는

먼바다 차디찬 겨울 이야기에
몸을 헹군 명태

청량한 하늘에
눈 부릅뜨고 팔 벌려
설악 깊은 계곡 날선 바람 끝에 매달려
신음 소리 온몸으로 울어 대는

눈발 기웃거리며 하늬바람이 분다
명태 얼 부풀리기 참 좋은 날

백 날을 더해
시린 푸른 눈물 흘리고
잘 익은 그만의 향기 부풀어

황금빛 속살

노랑 개나리 꽃밥 툭툭 내던져 비친다

어느 아침
삶의 한가운데 헤매는 주당님 쓰린 가슴
술국으로 풀어 달랜다

야래향

꽃이 아닌 듯
몸 매무시 나뭇가지인 듯

세월 물살 흔들리고
이제야 야래향 부른다

햇살 흔들면 깊은 기다림에 검게 그을고
내비치는 밤 그늘에 홀로 그리움 풀어 헤치는

밤빛 짙어지면 연두 몽우리
애간장 태운 언어 잊고
달빛 섞어 정염을 사르는
가녀린 몸짓의 눈물을

너를 꽃이라 불러 주지 못해
밤마다 문간에 먼저 나와 내 어깨를 툭 친다

건삽한 하루

후미진 마음 허섭스레기 고혹적인 향기로
나를 묶어

밤마다
시든 푸른 가슴 죽을 듯
생의 마지막인 양
불 지르는

아버지

말 고픈 아버지
아들 방문 앞에서 서성이는
헛기침 목 긁어 감긴 소리

삶이 고픈 아들
방문 고리 침묵만이 걸려 있다

공허한 메아리 만지작거리며
아버지 까치발 뒷걸음질

야윈 어깨 흔들리는
밤 벚꽃 휘젓는 소리

꽃무릇

높다란 가을 푸른 빛살 흔들어 대면

붉디붉은 꽃무릇 혈흔
핏빛 그리움 흩뿌리는

하얗게 시린 인연 꽃살문 비껴
땅속에 새 눈 틔어
불끈불끈 불꽃 튀어 오르고

사랑으로 화르르 타오르는
정열적인 혼불
슬픈 황홀한 미소 지그시 그림자에 누인다

삐진 일곱 살배기 손자 고개 숙인
꽃무릇 속눈썹 이슬

애틋이 가을 묻어나는

세모시

붉은 동백꽃 열여덟 처녀 머리
흰 세모시 내려앉았다

가슴 시린 아홉 구비사는 모시
시린 물에 숨죽이기를 여러 번

맑은 햇살에
바람 사이 하얀 속내 어리비치는

힘줄 묵힌 풀줄기 수줍은 분홍 살 터지고
붉은 입 열꽃 째고서
한 올 거미줄 풀어내는

바람의 눈물 그치면
꿈꾸듯 물안개 비늘 떨구며 피어오르듯

정갈한 꽃잎 피어 내
살포시 잠자리 날개

이슬 떨며 하늘 오르려 펼치는

여인의 고아한 자태
세모시 올 스치는 결에 나빌레라

부다페스트에서

키 작은 노랑 해바라기 푸른 밀밭
대평원 캔버스 유화
강렬한 물감 풀어 펼친

경망스럽게 휘저어도 우아함 잃지 않은 고성
합스부르크가의 화려한 슬픔 젖어 내린

비 맞고 서 있는
윤기 없는 수염이 덥수룩한 한 사내
사슴 닮은 눈빛 우수 깊이 졸고

붉은 립스틱 열정적인 비애 올라앉은
집시 여인 헝클어진 머리 털

한지 등불 밝히듯 은은히 비치는 황금빛
도나우 강 수줍은 속살 달빛 섞어 몸 뒤척일 때마다
낭만적인 사랑 꿈꾸는

동양의 아름다움 고즈넉이 내려앉은 도시
온통 황금 세상

낡고 묵은 것들에
역경을 견디어 온 근대사의 그림자
오래 흐르는 서러운 눈빛 스치는 여운

가슴 시린 환희

우울한 눈동자 어두운 회색빛 병원 담 틈새
고개 내밀어 거꾸로 매달려 있다

눈이 물처럼 흐르는 어느 날
중환자실 파르스름한 불빛 아래
삶과 죽음 한 이불 속에서 숨길 허공 헤매는

창 너머 겨울 하늘 끝
깊고 푸른 고독 오소소 내리고
너무 아파 소리 내지 못하는
슬픔도 화려하다

뜰에 자지러진 개나리꽃 덜 여문 봄빛에
새 생명 몸부림 날갯짓 서럽다

푸른 햇발 좁은 등줄기 어지러이 흔들리는

병원 맞은편 투박한 자연 그대로 살아 숨 쉬는

얼마나 가슴 덥히며 그리워했던
그 저잣거리

가슴이 뛴다
울컥 눈물이 솟는다

빛나는 햇살 부서지는 밝은 웃음소리
싱그러운 초록 물 뚝뚝 떨어지는 푸성귀
생선들 은백색 팔딱거리는 합창 소리

마음 끝 매단 고독 눈물 흐르는

어줍살스런 이방인

삶이 출렁이는 한가운데 서 있는

가슴 시린 환희여!

사월의 비가

한 하늘 아리고 하얀 꽃불 지핀

빗장 푼 봄 햇살
어머니 동백기름 바른 쪽진 머리 가르맛길 내는

목련꽃 스치는 바람
젖빛 옥양목 치맛자락 흩어지고

못 잊어 머문 사랑
설운 꽃 비늘 나무 매듭마다
침묵으로 속울음 걷어 내는

사월이면 시절 인연 끈
희디흰 시린 불덩이 불사르는데
달빛 밟는 그림자로도 아니 오시려나

눈 시린 사월이여!
눈물 어린 사월이여!

내 꿈도 하얗게 닫는다

푸르게 생의 절정 목숨 풀어
핏빛으로 타오르고

낙엽 그리움 사르는
가을 닫는 소리

아직 사랑 내밀지도 않은 채
내 꿈도 하얗게 닫는다

그리움 썰어 차곡차곡 챙긴 옷섶 풀어
와르르 쏟아 내고
우울은 하늘 끝 더 깊이 강물 흐르는

가을 야윈 등걸에
비는 눈물로 내리고

흐르는 인연 끌어안고
바람만 헤집는 눈 붉힌 국화 한 송이

제2부

벚꽃

나른한 햇살 목에 두르고

사랑 아니 설렘
아직 시작도 하지 않았는데

벚꽃 화려한 날
순백색 눈물 흩뿌려

세월 지친 주름
봄바람만 휘젓는다

고해苦海

똑같은 모습의 낮도 없고
같은 얼굴의 밤도 없다

세월 물발 갈퀴 걸려
똑같은 길도 없다

등 떠밀려 가는 헛짚어 가는 길

아름다운 꽃길은
순간과 찰나로 비끼고

날 선 칼날 부르튼 발 딛고
가슴 욱죄이던
뭉텅 잘라 내고 통곡하며 주저앉고 싶은 길

어느 하나 수월한 길은 없다
그래도 다시 한 번 가고 싶은 길도 더러 있다

별 풀잎 이슬 스치는 새벽녘까지
안개 밭고랑 치달으며 헤쳐 온 길
운명처럼 놓지 않고

오늘도 문밖에 허기진 얼굴 내밀고 서 있는
그를 따라 길을 나선다

바람에 마른 갈꽃처럼 떨며 쓸쓸한 길
사랑하는 사람은 어디에서도 만날 수가 없다
늘 시리고 춥더라

그 지나온 길
또 하나의 바람으로 서 있다

그리움 뒤척인다

뜨거운 어머니 숨결
장롱 허공 헤매는
내 나이만큼 빛바래 그리움 뒤척인다

고이 키운 딸 시집보내는
가슴 덥힌 행복을 빌며

버선코 양옆 곱게 볼 댄 박음질
아름답고 좋은 데 발 딛기를

한 땀 한 땀 사랑 누비시며
하얀 밤 지새우는
좁은 등줄기 엉킨 거미줄 친 고독
달빛 그늘 허공에 걸어 놓는다

내 목소리
마냥 버선발 바람 달고 오신

햇살처럼 환하신 어머니
성긴 백발 쓸쓸히 흔들릴 때 보입니다

가슴 뜨거운 이 동반한다

설렘 기다림으로
순결한 눈밭 어지러이 발자국 흩뿌리는

눈은 무시로 부는 바람 나부낌은
허공을 가르는

주름진 깊은 고랑 검은 눈물 내리고
못내 눈빛 설산 산등성이 걸친다

겨울은 깊어지고
저물녘 창밖으로
반짝이는 눈꽃에 부서지는 해 아스라하다

밥상에
눈 속에 자란 바다 향 흠뻑 그리움 건져 올린
윤기 흐르는 검푸른 비단 머릿결 매생이

입에 넣는 순간 가슴 뜨거운 이 동반한다

보드랍게 혀 감싸고 미끄러지는 매생잇국
겉은 조용하지만
속은 절절 끓고 있는 어머니 젖가슴 흐르는

처음 사랑 아프고 외로워
붉은 입술 지그시 깨무는
오늘 밤 겨울 가기 전 핀 성급한 동백아!

지금 울고 계신가요

눈물이 난다는 건
삶을 절실히 사랑하는 것

옥빛 하늘이 너무 파래서
터지려는 봉긋한 꽃망울 진 이슬에
자꾸 슬퍼지고
아주 작은 일에도 울컥 치미는 눈물

이 시간을 사랑하고
이 생을 사랑하는 것

우리 생애의 기쁨을 확인하는 마음

세월이 굵힐수록
눈에 보이는 상처보다
마음속 숨은 상처 더 많이 울어요

슬픔을 쓸어 내는 눈물

지금 울고 계신가요

흐르는 눈물
아픈 상처에 바르는 사랑의 묘약입니다

밤마다 꿈을 꾼다

달빛 가르며
까슬까슬한 보리꽃 움돋은 가슴

무명베 호청 미끄러지듯
다듬이질
은백의 유리알 튕기는

스치는 세월의 무늬 사각거리는 숨결
서푼서푼 숨으로 누이고
자식을 달군 가슴에 동여맨 채 그림자 지우며

밤마다 꿈을 꾸는

달구어진 자갈
강변에 하늘 향해 해바라기
불꽃 태우는 무명베의 하얀 눈물

밤마다 꿈을 꾸는

긴 인연의 실타래 감았다 쪼개고
하얀 호청에 젖은 살 비비며

밤마다 꿈을 꾼다

순천만

미틈달
순천만
시린 쪽빛 하늘 찬 서릿발 감긴다

하늘에서 끝 간 데 없는 허허로운 나부낌
하늘 우러러 경건히 온몸 흔들어
까칠한 뼈마디 희디희게 사위어 가는

풀기 죽은 미영베치마 세월 가르며
기도하는 어머니

갈꽃 은결 이랑마다
파도 쓸어 낸다

노을 등진
흔들리는 그림자
내일을 구도하는 순례의 길 내미는

황혼

한 잎 베어 문 바람
낙엽 서걱대는 가을 끝물 썰어 내고

우글거리는 속내 다잡고 몸 다듬느라
침묵의 바다
이따금 붉은 눈물 토해 낸다

팔순의 아름다운 어깻짓
해맑은 아이 하나 세월 휘돌아 감는

저 혼자 널뛰는 청춘의 가슴
시린 날 세워 썸벅 베고 토닥이며

잔물지는 노을 물비늘에
떠밀려 휘어진 황혼 등 그늘

어디로 가는지

우레의 여름내 푸르던

검은 산허리 베어 문 보름달
환히 반듯한 이마 슬며시 내민다

우레의 여름내 푸르던 머룻빛 이슬
짙푸르게 올라앉아

싱그러운 솔잎 향 촘촘히 휘감겨
터지는 그리움 혓바늘 아린다

어머니 투박한 손마디에
당신의 손길과 눈물로 둥글어져
깨물고 싶은 앙증맞은 매끈한 밤톨

조물조물 손안에 큰 사랑 흐르는

곱게 빚으면 시집가서 예쁜 딸 낳는다는데
주먹대기만 나오고

고즈넉한 달빛은
어머니 등 너머로 쓸쓸히 내리고

송편은 붉은 가을 묻어 오는

참숯

천년 바람
설원 겨울은 숯 익는 계절이다

산비알 굴참나무 쏟아지는 천둥 소리
땅 울림에 버거운 통나무 거꾸로 서서

황토 분칠한 가마 끌어안고
화르르 잉걸불 타오르는 붉은 눈물
사르는 인고의 기다림
은빛으로 활짝 피어나

숯 결에 날이 선 눈꽃
청징한 맑은 소리 떨림은
열린 기공 바람 울리고

새 생명 세상 밖 나들이
신선한 힘으로 금줄 엮어

숨길 어른
해와 바람 읽어 쉼 없이 삭힘질 하는
간장 항아리 품고

겨울 이런 날이면
화롯불 뜬숯에 은행알 구워
가을 냄새 입안 호강시켜 주시는
어머니

가을 네 숨소리

익숙한 민낯 내밀고
가을 문밖에 떨고 있다

백발의 솔베이지 야윈 등결 흐르는
서늘해진 달빛 새하얗게
닦고 또 닦는

불꽃처럼
청춘이 흐드러지게 아프고 버거워

밤새 울어 대던
갈꽃 바람 사르던 그 가을 더 화려했다

옥빛 햇살 가르는 아침
농익은 고독을 어르고 다독이며

뜨거운 가슴으로
또 하나의 가을맞이하리

그래도
나는 가을 시린 네 숨소리
자꾸만 눈물이 나는

방짜 놋대야

바람 가른 천년의 숨결
대 물린 어머니의 향기

시간 그을음 말라붙은 검버섯 게으른 사랑

불에 달군 예리한 손길 놋갓장이 혼쭐 메 두들겨
멍든 인고의 설움 방짜 놋대야

장중한 기품마저 양반가의 안성맞춤
여인들 심성 드러낸 고아한 자태 분위기

설맞이 첫 번째
양지 바른 멍석 여인네들
대각거리며 번들거리는 황금빛 분칠한다

창호지 비껴든 햇살
손때 먹은 윤기 더 자르르한 대야

어머니 물발 긁힌 따뜻한 손
발 담그면 조물조물 씻기시던

지금 어디서 누구 발을 씻기실까

상트페테르부르크에서

여인의 상앗빛 살결
둘둘 감은 미끈한 귀족 자작나무
눈부신 하얀 물결 하늘 오르려는 숲길

마차 타고 달리는
닥터 지바고와 라라
슬픈 사랑의 노래에 흔들리는

고뇌에 차이코프스키 비창
화려한 격동의 역사 허공 가르며
네바 강
출렁대는 강물 조율하며 떠다니는

스러진 밤 백야만이
그늘진 자작나무 등걸에 은빛 갈꽃 내리고

하늘 이은 창변에 일렁이는
스산한 한 줌의 바람 외로이 비껴선

상트페테르부르크여!

잠 못 드는 밤이여!

---

* 상트페테르부르크의 옛 이름은 레닌그라드. 러시아연방 북서부에 있는 주.

배롱나무

겨우내 시린 달빛 훑어
께벗은 매끄러운 맨살 속정 품고 죽는다

흐드러진 벚꽃 떨고 난 자리
뜨거운 열꽃 숨 열고
꽃잎 눈 틔운

연지 곤지 찍고 새색시 시집가는 날
붉디붉은 꽃잎 다문다문 홀쳐 화사한 족두리

머리에 남몰래 앉아 벌벌 떨며
청사초롱 불 밝히는

홀리는 외가닥 바람에
설움 가두고
간지럽다고 자꾸 헤실거리는

바퀴에 돌려 감고 새김질로

백날을 헤아리며

꽃은 피고 숨어 지고

정말 숨 쉬기도 미안하다

마냥 낭창거리는 봄날
끓는 속내 뒤집힌 바다 검은 획 세차게 긋는다

핏빛 물비늘로 떠다니는
채 여물지 못한 여린 꽃잎

수학여행 밝은 재잘거린 미소
가없는 하늘 이슬로 헤매고

자연의 흐름 거스른
채워도 채워도 못다 채운 도사린 뱀 아가리

핏줄 터지는 아픔
온몸 더듬이는 순간 잘려 나가
하늘 쪼개지는 두려움

얼마나 무섭고 힘들었니

미안하다

정말 숨 쉬기도 미안하다

피붙이 영혼 긁힌 아픔

오열만이 붉은 바다 뒤집고

울음 벌겋게 단 하늘도 통곡한다

---

* 세월호 참사에.

그 푸르른 날

아! 방학이다
먼날의 애틋한 언어인가
조금은 가슴 뛰어 보자

한여름 햇살 비수처럼 내리꽂히는

별빛 내려앉은 풀잎 널어 매운 연기 안개처럼
피어오른 은하수 흐르는 마당

밤 그늘은 더 빛났다

밤새 흔드는 부채 서늘한 이슬로 불고
옥수수 속살 터지는 풋풋한 어머니 젖가슴 향기
지금 코끝에 발려 있다

게으름 여유로움이 되는

톨스토이 카추사에 아리고

노천명 목이 길어 슬픈 사슴에 가슴 젖어 지새운 밤

아버지 푸른 새벽 열고 논배미 둘러보신 잠뱅이
이슬 먹은 풀잎 싱그러운 수채화 뜨고
널따란 등 쏟아지는 시원한 물바가지 소리

아련히 여름 햇살 퍼지는 그 푸르른 날은

달빛에 걸친 모기장 올망졸망 새끼
숨결 어르는 사랑

저들만의 둥지로 흩어지고

매화꽃

뚝뚝 시름 떨군 자리
하얀 버선발 사뿐히 내리고
매화꽃 눈물 하늘 열리는

하늘에 꽃구름 누벼 환히 길 밝히더니
꽃눈 뜬 아린 새순 그림자
떠나보내는 이별 연습 설움 가두고

널어놓은 내 마음마저
덧없이 함께 걷어 떠나려 한다

새순 사각거리는
달빛이 차가워 스러진 밤

꽃 분분 흩날려
심란한 내 속 헤집은

찻물에 떠오르는 봉싯봉싯 아리는
그윽한 향 참따랗게 떠오르는

모과

맛 오묘함의 고통
황금빛 하늘 열린다

빗살 곱게 쓸어내린 가을 해 어름
댕돌같은 모과 닮은 사내아이 내민 손에
꼭 쥔 괴발개발 글씨

지금
풋살구 향기 손끝 묻어난다

바람 떨리는 겨울밤
고뇌의 향기
검버섯 점점이 피어오른 늙은 모과

잠 못 든
송곳처럼 이빨 내민 삶의 비늘
곱게 비다듬고 밤 밝히는

제3부

꿈

푸르스름한 새벽

흐르는 안개 열고
올라가니

몽환의 자락
휘감아 앗아 가더니

붉은 해 솟으니

더덕 향
나는 꿈꾸었네

중환자실에서

회색 적막이 침묵으로 흐르는
병실 천장에 창백한 불빛 졸음 겨워 한다

어느 늙은 어머니
삶의 실낱같은 끄트머리 매달려
사랑하는 아들
몇 날이나 헤매며 불러 보는가

갈까마귀 무덤가 헤매며 흐느끼는 울음소리
긴 여운 물고 허공에 흩어진다

젊은 날의 뜨거운 열정 날개 접어
가슴 시린 날
그리움 내리고
풀잎에 스치는 바람

저토록 숨 막히는 처절한 외로움에 떠는가
못내 절규 어두운 그림자 하얗게 숨길 누인다

칼날 위에 선 바람도
길게 누워 조금은 순해진
지금 하얀 고독 등 기대며 어느 봄 길 걷고 있을까

내 손등 바늘 파르스름한 실핏줄 당기며
가늘게 바르르
깊은 나락으로 침잠한다

불러 깨우다

아들에게서 구절초 향기가 난다

적요 다 모여 검은 강 흐르는

침묵의 큰 바위만 한 산소호흡기 매달린
삶과 죽음

병실 밝히는 구절초 향기 떨리며

나를 불러 깨운다

미늘*

어머니 좋아하시는 모란 핏빛으로 타고 있습니다
얼마나 많은 날들 지고 피고 했는지 모릅니다

어머니처럼 눈 감고
서너 발 떼다
허공 휘젓다 가슴 덜컥 눈을 뜹니다

캄캄한 적막 속에 외로움 올올이 돋운 가슴살
부둥키고 두려움에 떨며 하얀 밤 밝히셨나요

가슴 열어 내 얼굴 흔들리는 그림자까지 보시는

눈이 잘 보이지 않는다 하시면
나이 들어서 그래 엎지른

그 미늘
당신 부르면 영혼이 무너집니다

탯줄 감는 그리움 풀다 헤는 밤마다
외할머니 보고싶다 꿈길에라도 메마른 입술 거미줄 치듯
풀어내시는 어머니

치매 손 내미는 지금
당신의 기억 깊은 바다 밑 모래알 한 점마저 커져만 가는

삐비꽃 눈웃음 풀어 늘 그 자리에 계시는 줄 알았습니다
이생에서 마지막 눈물 한 방울 채 마르기 전에 하얀 이슬로 지실 줄을

다시는 당신을 볼 수 없다는
크나큰 형벌에 꿈을 꿉니다

어머니

어디만큼 고뇌의 강을 건너십니까

항상 발끝 시려 하시는 당신
붉은 모란 활짝 핀 버선 신겨 드리고 싶은

어머니
당신은 하얀 찔레꽃 젖가슴 흐르는 향기
나의 어머니십니다

* 낚시나 작살의 끝에 있는 물면 빠지지 않도록 가시처럼 만든 작은 갈고리.

가을 향기

가을 음색 빛이 나고 울림은 더 깊이

투박한 한지에 우리네 오방색 빛 결로 풀어 내린다

수컷 붉은 장밋빛 암컷은 노랑 치자 빛깔 물들여
예뻐지는 단장을 마치고
풀빛 가을 하늘 방에
고추잠자리 결혼 비행사랑 시작한다

가을 향기
조금씩 소리 없이 사라지는 기억이 새롭게
머리는 맑고 고요해지는

가을 햇발 등에 업은
어머니 말라붙은 젖가슴

멍석 위 콩대 알 튀는 가을 볕살에
그리움 졸고

여름이 탄다

시뻘건 불덩이
등 푸른 바다
하얀 비늘 붉게 그을리고

여름이 타는
속내 여무는 아픔이여

그리움 묻은 열정도
샐비어 핏빛 유혹도 호졸근히 졸고

타는 햇발 목 내밀어
시린 달빛 불 지르는 여름밤

가냘프게 가을 부르는
애발스런 풀벌레 문풍지 떨리는 흐느낌은

별은 이슬로 밤을 사르고

고봉밥

석탄가루 꽁꽁 언 까만 레일 흩뿌리는 통학열차

집에 들면 어머니 가슴 아린 눈물
따뜻한 아랫목 이불 아래 보깨 덮은 고봉밥

밥상머리 쭈그리고 자식 목구멍 밥 넘어가는 소리
높은 음계로 웃으시는

여러 날 객지 바람 쐬고 돌아온 자식
애잔한 마음 다보록하게 푸고
사랑을 꾹꾹 눌러 담은 고봉밥

지금 어머니 가슴 덥힌 정이 산봉우리 솟아오른

세상 어떤 산보다 높은 어머니의 사랑
고봉밥은 허기진 영혼을 달래 주는

마음의 빈곤 커져만 가는

넘치는 영양 과잉 시대

이제 고봉밥 한번 지어 드렸으면

실타래 푼 가슴 갈꽃 마냥 서걱거리는
해 설피거리는 화려한 봄날

장미

꽃 몽울 시린 눈물 퉁퉁 부풀리며
밤새껏 울었나 보다

그 열정의 꽃불 오월 태양 아래
뚝 뚝 다 토해 낸다

여린 꽃 대궁 내밀어
도도한 핏빛보다 진한 붉은 오클라호마*
고와서 더욱 서러워라

고혹적인 몸짓 아린 향기
몽땅 앗아 가더니
가슴에 콕 콕 박힌 가시 깨워 세운다

파란 장미 불가능에서 꿈을 이루는
과학의 반전
다음엔 어떤 빛깔 향으로

어떤 장미 향기보다
사람 곡진한 향기가 더 아름다운

젊은 날 장미꽃 한 아름
빛바랜 엷은 가슴에
카네이션 한 송이 흐르는 눈물 지우는

---

* 진홍색에 달콤한 향기가 있는 명품 장미.

망각의 편린

육신의 덕지덕지 낀 허물
뛰쳐나가 숨 고른다

만지작거린 붉은 손거울
아등그러진 얼굴 노란 그리움 손때 묻은 흔적
녹슬어 가고
찰나의 아름다운 순간
침 발라 쓰는 연필이
뒤이어 돋보기 수면안대 떠안고

서로 공간 다투며 수북이 쌓여
또 하나의 파편 분신으로 다시 태어나는

시공 넘나드는 망각의 편린
기억 저편 어디
방황하는지

오늘밤
비는 흥에 널뛰는 봄 숨죽이고

그곳

걸어도 걸어도 나 어릴 적
멀기만 한 하늘만큼 컸던 그곳
가슴 서랍 밑 올올이 자리한 푸른 기억

하얀 서릿발 가을 빗질하고 시간 속을 걷는다

검정 고무신 고샅 돌던 깨꽃 쏟아지는 웃음소리는
어디
발등 간질이던 집 앞 개울물
땅속에 숨 누이고

회색빛 어설픈 미소
떫은 감꽃 향기 쓸쓸히 휘젓는다

그리움도 차고 넘치지 않을 것을
낙엽 떨구듯 쉬우면

언덕 위 교회당 하늘 가까이 더 높이 솟는 첨탑
검정 찢어진 비닐 하나 애달아 가려 하는지

아름다운 여정

조금은 향수에 목마를 때
동유럽 여행 길손

담쟁이넝쿨 기어오른 호젓한 숲속
정이 가는 때 절은 목조건물
삐걱거리는 계단
고개 내민 작은 노란 민들레 수줍어 살랑댄다

아직은 한 줌의 바람도 쌀쌀하다
별 은은히 창가에 쏟아져 수북이 싸이고

먼 이국땅
정갈한 하얀 무명베 홑이불 사각거리는
어머니 버선발 뒤꿈치 스치는
그리움 뒤척인다

정성스레 레이스 뜨개질한 하얀 보자기
온기 품은 달걀 목 넘길 때마다 자꾸 멘다

풍경보다

사람이 더 아름다운 여정

겨울 연가

물먹은 고독
흐르는 파르라니 깎은

겨울 불 지른 열정
침잠하며
새 생명 발끝에서 잉태한다

찌부러진 마음
정갈한 겨울 햇살에 헹궈
겨울밤 전설의 언어
실타래 한 올 한 올 풀어내

틈새 나간 사랑가지
틈으로 비집고 살가운 가슴 시린 이의 배경
여울 되는 계절

밤새 불 밝힌 풍성한 눈꽃
은빛 평화로 내리고

아무도 밟지 않는 순백의 땅
뒤따르는 사람의 길
옷깃 여미고 아름다운 발자취 남기는

눈꽃 한 줌의 햇살에 시든
겨울
또 하나의 황홀한 꿈을 꾸는

고운 님

고운 님 만나러 가는 맑은 에메랄드 빛 하늘
청량한 바람 깃발 흔들어 맞이하는

어려서 뛰놀던 그리운 고향
검푸른 빛 겹겹이 두른 산길 돌고 돌아
누울 자리 마련하신

하늘 산 갈바람 적요 속에 숨 누이고

설레는 숨소리에
환히 미소 분칠하신 손 내미시는

뜨거운 여름에도 발 시려 하시니
햇살 내내 양달에 발 녹이시고

퍼내어도 끝없는 하고픈 이야기
푸른 숲에 실으시고

발아래 쪽빛 치마 펼친 맑은 호수에
이 세상 깊고 아픈 마디 헹구시고
찬 이슬 지친 고독 달빛에 사르시길

이 생명 스러지는 날까지
가슴 데워 주는

당신 부를 수 있어
어머니

태백을 오르며

천년 에두르는 태곳적 신음 소리
하늘과 땅의 시작

백두대간 등허리 깊고 푸른 바다 동해를 연모해
휘달린 산맥
더 하늘 가까이
산은 첩첩히 잘생긴 황소 등마루 타고

높은 산봉우리 운해 휘감겨
머 얼 리 천상에 노닐고

주목은 살아 천년 죽어 천년
신선으로 흐르고

서두르지 않아도
얼굴 익힌 바람 미는 티끌로 흐르는

장날

오늘은 장날
마을마다 싱숭생숭 바람났네

취나물 고사리
할머니 거북등 터진 손마디 기어오른 산 향기 솔솔

튀밥 튀는 뻥 소리 메밀 꽃송이 우르르

앞 동네 이장님 아들 고시 합격
뒷집 복순네 일곱 번째 딸 순산한

들썩이는 장터 축제 마당
생이 우글거리는 이야기
어머니 낡은 전선줄 엮은 장바구니
꼬인 매듭마다 잔뜩 바람 실려 온다

두 쪽 남은 가을 단풍빛
그리움 좌판에 내려 졸고

찬란한 그날을 꿈꾸며

한 알의 낟알에 하늘이 내리고
달빛 섞어 침잠하는 겨울

물오른 봄날
마술의 덫 성큼 펼친다

어느 여름날
나무는 무섭게 앗아 간 화려한 푸르름
옴팍 잘려 나간 밑동 떨리는 숨결

깊은 기다림의 설렘 속에서
끝없이 아파야 하는 설운 나잇살

여린 움돋이 오글오글 보듬어 키우느라
우듬지기 하늘 향해 흐르는 푸른 눈물

더 살 보드라워진 햇살에
외로움 부비며

찬란한 그날을 꿈꾸며

또 하나의 바람에
부풀린 작은 생명 하늘 나르는

새해를 연다

해넘이 놀빛은 사위어 비끼고
어제로의 시간여행 주섬주섬 길 떠나는

새해를 연다
해돋이 순백의 서설 불러
축복으로 내리며

남북 분단 백발의 세월
까맣게 멍든 가슴 안고 떠나는 사람
시린 하늘로 자꾸만 오르려는 노동자

아픔 고이 접어 속울음 가둔 사람들
덥힌 가슴 한 움큼 내주었으면

푸르른 날 여울지는
희망의 설렘 있는 한 해였으면

살아 있음에 감사하며

새날 더불어 사랑하며
더 그리워하자

선상의 노래

햇살 비늘 긁은
등 푸른 바다 하늘 드리우고

바람 타고 구름 안고
하얗게 부수어져 터지는 은빛 포말
뱃길이 물길

잠시 멈춰 서두르지 않아도
여기 서 있는데

흔들어 대는 바람 흔적 지우며
깊이 감쳐물던 회한 파도에 훌훌 뿌리고

목 놓아 부르는 가고파 노래
실없는 황혼의 그리움이여

은빛 너울 하얀 눈물 토해 내
이슬로 떠다니고

제4부

가랑잎

바람 스치는
힘줄 마디 끊어지는 바스락 소리

가랑잎

재 켜둔 세월의 통곡 소리

노을 속 헛딛는다

나의 봄날은

봄바람 날아든 섬 점으로 이어지고

쪽빛 빗살 가른 바다
어부 겨우내 묵은 어깨 내려놓고
힘찬 날갯짓 봄 싣는
어부 곳간 은빛 꼬리 넉넉하게 출렁인다

바다 이야기에
꿈꾸는 섬 집 아이는 보이지 않고

장미꽃보다 싱그러운 풋내 봄동밭
더 화려하게 섬을 환히 불 밝히는

남녘 끝
바람 입술 타고 봄이 열리는 소리 들었는데
어느새
봄 내 발아래 와 흔들리는

개울가 버들강아지 복슬복슬한 연회색
겨울눈 달고
얼음장 밑에 발 담그며

스치는 바람에
여리디여린 새순 내밀고
입김 하얗게 서리는

봄비 하늘에서 땅끝까지 길게 적시고
예서 제서 땅이 벙글 텐데

나의 봄날은
어느 처마 밑에서 떨고 있나

난

지조 높은
넘치지 않은 그만큼 한 칼날 위에 선
아름다운 품격의 화음

도도한 눈빛
올라앉은 침묵의 기다림
기다란 야윈 핏줄의 꽃대 힘겹게 밀어 올려
흔들리며

인고의 진한 슬픔 베어
꽃 잔등 이슬 떨고
다문 입술 여미며

봉긋이 벌어진 도톰한 아랫입술
불살라 품어 내는 가슴 떨리는

그윽이 살 익은 고고한 향

황홀한 빛깔로 물들이고

그 향기에 지고 피고

바다를 부른다

쪽빛 이불자락 둘둘 말아 개켜
쉼 없이 주름주름
통주음
고음 저음 쥐락펴락 쓸어 내고

내 눈 가없이 가는데

바윗덩이 누르는 파닥거리는 가슴
가시 돌려 감겨
아무리 바동거려도

바다를 볼 수가 없네

바다를 부른다
날더러 숨 한번 크게 내쉬고

내려놓고 바다에 묻고
또 내려놓으라 하네

어머니를 부른다
똑같이 고개 끄덕이네

등 푸른 바닷길 위로
붉은 해 불끈 솟는다

무등은 불타고 있다

무등산 억새 너른 바다
철쭉 몸 풀어 선홍빛 토해 내
뿌린 혈흔이 처연하다

무등은
지축 흔들리는 서슬 푸른 오월 그날
보았는가

젊은이들 활화산 타오르는 심장 소리
들었는가

나무 등걸 스치는 바람소리만 서걱거린다

나무 섶 울음이 타는 눈물 말리고
봄 햇살 헤집는
무등은 불타고 있다

뜨겁게

서럽게 이어지는

말라붙은 어미 젖가슴
돌아오지 않는 아들 사진 한 장
햇살처럼 환히 웃는다

그 가난한 눈빛

연둣빛 넘어
아버지의 봄날
아름다운 빛으로 듣고
소리 넘어
그리움의 소리로 보고

선한 수많은 무언의 그 눈빛 그냥 흘려
미안합니다

아린 속내 허물 큰 사랑 품어 주셔
고맙습니다

가슴 묻은 쉽고도 어려운 말
사랑합니다

그저 그렇게
세월의 갈피 속에서 닮고 또 닮아
찔레꽃 순같이 여려지고

스치는 수많은 사람들 속에서도
다시금 그 가난한 눈빛 어디에도

이팝나무

풀 내 가득 싣고
한껏 봄은 여물어 간다

진즛빛 구르는 햇발에
달달한 바람 한소끔 거둬 하르르 탄다

이맘때면
온 동네 에두른 밥 익는 향기
밥알이 코끝에 튄다

북녘 땅 허기진 아이
사슴 닮은 눈동자
이팝나무 그늘에 댕그라니 떨고

누르께한 말라붙은 살가죽 풀칠해 겹친 다리에
몸 비튼 파리 한 마리 등 기댄다

가슴으로 데워

김이 솔솔 하얀 쌀밥 연실 수북이 담아
하얀 속살 몽실몽실 채워 주는

그 눈동자 뛰놀게 하고
붉은 사랑 한입 얹어 먹이고 싶다

사노라면

잊었는가 하다가도
사노라면

울컥 가슴 파고드는
그리움 차오르는

시린 마음 잠재울 수 있을까
얼마나 가슴 팔딱거려야

서늘히 이울진 밤
선홍빛 동백꽃
눈물 후드득 떨구어
핏빛 그리움 처연히 엎드린다

해 질 녘 울음이 타는 하얀 그리움

이 설운 시대 바람
노시인 고독한 등 뒤로

흐르는 불혹의 연가

서푼서푼 인연의 끈 풀어내는

백마강

얼굴 없는 천년의 바람이 분다

계백의 우렁찬 말발굽 소리
처절한 울음이 탄다

절벽 가녀린 여인들 비장한 정열
백마강 붉은 치마폭 조용히 푸른 물 불사르는

황토 빛 물길 고즈넉이 눈물 따라 흐르고

억겁을 밟으며 이슬 내린 고란초 천상의 샘물
맑고 푸른 참선한다

우리 실은 황포돛배 세상 끝으로

개망초만 실없이 살랑대는
구드래 나루

고독

마음 끝 매단 눈물 스치는 바람에 날리는

등줄기 타고 홍건하게 흐르는 고독
당신 그립다는
달콤한 시 흐르는 낭만

삶을 맞이할 준비가 되어 있는

고독 앞에서
내 안의 모난 모서리 인정하는

순수하며
더 낮아지고 감사하는 마음

추처럼 달고 사는
언제나 날 사랑하는 친구여!

동행

어느 팔십 세 탑동댁
백세 시어머니하고 밀어내며 보듬어
삶의 물레질 갑년을 넘게 산 고부

가난한 봄볕에 동백 아린 꽃눈 여는 날
질긴 인연의 끝 서러움 묻고

시어머니 요양원에 눕히고
어깨 날개를 달고
무거운 돌덩이 하나 가슴에 더 주저앉는다

댓돌 낡은 고무신 한 짝
홀로 푸른 달빛 밟고
탑동댁 탑동댁 목 긁힌 쉰 목소리
하얀 밤 지새우는

땅에 그은 허리 추겨 부둥키고
할미꽃 봄날 걷는다

울 엄니 고이 보내옵고 곧 따라 가리다

골진 뺨에 설운 바람 스치우는
하늘가 해어름

정선에서

하늘빛 닮은 푸른 동강
잔주름 빗살 가르며 반짝이는 물비늘 은여울

햇살 그늘 숨길 트여
여린 단종의 애사 서린 젖은 설움 물길 시름 없이 열고

정선 땅 두 물줄기
한 몸 아우라지 눈물로 흐르네

눈빛 숨 꺾이는
산비탈 기어오르는 아낙네
정선 아라리 끊어질 듯
스치는 바람결

산 자드락길 조율하며

정선은 눈길 주는 데마다
푸른 눈물 꽃으로 지는

사랑은

이미 사라진 것들
허무의 그림자 매듭 풀어내

오래 삭은 사랑 되새김질
흔들리는 눈동자 같은 곳을 바라보며

화려한 한복판 꽃 언저리
배경 되는 안개꽃이기를

차갑지도
뜨겁지도 않는
머리 아플 때 먹는 딱 기분 좋은 물 온도만큼의 사랑

한 사람을 사랑하는 동안
더 낮아지고
고요해지고 착해지지 않으면

그런 사랑 당신 곁에 밤마다 눈물
흐른다

해바라기

아직은 온기 남은 바람 헤적이는 빈방

어린 손자 다섯 장 꽃잎 고물고물 만든
너덜너덜 종이 기찻길 잃고 서 있다

손자는 차도남
대답 없는 인색한 미소 한 번 그저 행복한 바보 되는
살 부비고 살았으면 더 정스러운 것을

손자의 봄날
순수 하얀 도화지에 그리는 눈부신 비상하는 날개다

세월 굽든 할아버지
오늘 바람 끝 조금은 무뎌진
놀이터 그네 올라앉은
해맑은 손자 그림자 따라가는 해바라기

오늘밤 베란다에

어깨 들어 벌서고
손자 기다리는 잠자리채 하늘을 꿈꾸며

대동강 연서

봄날은
지천으로 일렁얄랑 흩어져
그만의 빛으로 한껏 부풀어 터지는

풋풋한 새 각시
뱃속에 날 담으시고
꿈꾸는 대동강 푸른 물빛에
하얀 호청 그리움 훌훌 뿌리고

대동강 물 길러 팔았다는
봉이 김 선달 먼 옛날얘기
가끔 애틋한 나래 깃 어머니 풀어낸다

살랑대는 나룻배 타고
능수버들 비단 풀어 놓은 능라도
훠이훠이 어디만큼 흐르시나요

대동강 서해에서 남녘의 물 합수하는데

날개 잘린 산하
몸 비틀어 말없이 흐르는 강물

고향땅 그리는
핏빛 세월 바람으로 흔들리는

어디서 날아들었나!

함박눈 축복으로 내리는 날
진한 수박 향 풋내 톡 내 눈을 연다

어디서 날아들었나

난 지고 화분 귀퉁이 빠끔히 이마 내밀어
작은 갈퀴 잎들 성글 성글

토마토 새 생명의 환희 순간 전율을 선사하는

노란 쌀알만 한 꽃
붉은 산홋빛 이슬 꿰어 가늘게 떨며

버거워 묶은 매듭 새 푸르뎅이
밤마다 사다리 타고 오르는 꿈을 꾸는

시는 첫사랑으로

말간 봄빛
날 선 깨진 얼음장 아래
아리도록 호수를 지우고 닦는다

성긴 눈 사이로
덜 여문 연둣빛 하나 수줍어 손 내밀고

겨울 대찬 바람 불린 치맛자락
거머쥐고 길 떠날 채비를 서두르는

올봄
해 질 녘 울음이 타는 가슴 묻은 푸른 언어
창변에 걸어 두고

떨림으로
설렘으로
가슴 울림으로
시는 첫사랑으로 다시 시작된다

송년의 기도

한 잎 연둣빛 하늘이 내리고 달빛 섞은
풍요는 텅 빈 고요 속에

버려야 사는 침묵으로 기도하는
웅숭깊은 겨울

목 길게 내민 창 너머 야윈 햇살
늙은 아버지 눈동자 가늘게 흔들린다

다 털어 낸 꽃게 발 벌린 나무
깊은 기다림의 설렘 속에서

끝없이 아파야 하는 그림자 벗어 놓은
이미 사라져 가는 것에 대한 아픔도

십이월의 매듭은 새로운 열림으로
가슴마다
붉게 더 붉게 타오르게 하소서!

정정순의 첫 시집 『미늘』

— 자기표현 본능과 자아탐구의 시

문 병 란

(시인 · 전 조선대학교 교수)

1.

녹원綠園 정정순은 늦은 나이에 시에 입문한 만학도로서 조선대 평생교육원 서은문학연구소 시창작반 학습과 세미나를 통해서 시를 공부했다. 그리고 『한국문학예술』 신인상 수상을 거쳐 등단하고 첫 시집 『미늘』을 간행하게 되었다.

중고 교장 직에서 정년을 하신 부군을 받들며 3남매를 양육하고 남들이 부러워할 만한 인기 직업을 가지고 살면서 효행도 지극한 처지, 건강이나 관리하며 좀 더 편한 만년이 가능한데 늦깎이 시 창작이라니 대단한 모험과 결단에 의한 도

전이었다.

몇 년간의 산고 끝에 72편의 시를 골라 아이들의 권유를 받아들여 시집 간행을 결심하고 시 창작 지도교수인 나를 찾았다. 그렇게 나이가 들었던가. 사제지간으로 여겨 60대쯤 젊게만 생각했던 나는 탄성을 금치 못하며 그의 책을 장식할 우정의 글을 쓰기로 했다.

나는 초등학교 4학년 때 동요를 쓰면서 시인의 꿈을 꾸었고 그 시절에 쓴 「고향 계신 어머니」는 한국전쟁으로 그 시가 실린 책은 소실되었으나 은사님의 작곡집과 검인정 음악 교재에서 그 가사를 다시 만났다. 그 우수의 조숙하던 소년은 커서 중학 시절엔 서양 시인의 번역시 고티에의 「지다 남은 나뭇잎」이나 레미 드 구르몽의 「낙엽」, 베를렌의 「가을날」도 좋아했다. 녹원 정정순도 여고 시절 전남여고 국어교사 시인 주기운 담임의 국어 시간에 접한 그 시가 그리 좋아 평생교육의 시대, 묵은 추억의 소녀취미 그 시심을 가만히 속삭여 보았다. 서은문학연구소, 꼬박꼬박 제출하는 과제, 언어예술로서 시를 자각한 그의 솜씨를 눈여겨보아 두었었다. 소질이나 취미, 그 꿈이 있고 가슴이 뛴다면 나이가 들어도 소녀의 마음이 다시 정열의 샘물을 솟구치게 하는구나. 나는 감히 감탄하면서 제1부 첫머리에 실린 서시격의 「시」와 표제로 삼은 「미늘」에 대하여 먼저 감상비평을 시도하여 본다.

시
바람처럼

끝 간 데 없는
그리움의 미학인가

마음 늘 채워지지 않는 빈
결핍의 미학인가

하나의 시어 끈에 매달려
깊지 않은 짧은 머리 조르고 또 조르고

벌겋게 달구어져 타올라
하얗게 긴 밤 지새우는

살 터져 부서지는
실 빗살에 꿰인
붉은 비늘 한 오라기 눈 틔운

이슬인 듯 눈물인 듯
곱게 엮어 펼치는
미세한 떨림

얼음장처럼 차가운 심장에 뜨거운 피 흐르는
환희의 순간은 찰나로

다시금 갈증에 목이 타는
이 초라한 가슴

—「시詩」 전문

세계적인 시사에 남은 베르테르의 「시법Ars Poetica」은 시법(시 창작법)을 논리적으로 쓰지 않고 시적으로 암시한 유명한 시다. "어렴풋하고 가장 용해하기 쉬운/ 허공 속에서 아무런 구애도 없는/ 기수각을 택하라" "그것은 베일 뒤의 아름다운 눈/ 그것은 정오 때의 떠는 햇빛" "색채가 아니라 오직 뉘앙스만을!/ 오 뉘앙스만이 꿈을 꿈에/ 피리를 각적에 혼합시킨다" 등 당시의 새로운 시 낭만주의 다음에 등장한 상징주의 시의 애매모호성, 마음의 내면세계, 아렴풋한 어떤 심정의 묘미를 새로운 시로 제시한 시구다. 그러면서 경계해야 할 시적 오류에 대해서 "자극적인 기상奇想/ 잔인한 기지, 불순한 웃음을 멀리 피하라/ 또 그 시시한 요리의 마늘을/ 웅변을 붙잡아서 그놈의 모가지를 비뚤어라"라고 했다. 시는 주장하거나 외치거나 서술해서는 안 된다는 경고다. 이 유명한 상징파 시인의 시로 쓴 시법과 비교하여 하등의 손색이 없는 그의 「시」에서는 그가 자연발생적 감흥을 읊기보다 언어의 선택에서부터 꼼꼼히 절차탁마하여 시다운 시를 쓰고자 하는 각오와 그 '솜씨'를 볼 수 있다. 고등학교 국어 시간의 연장으로 익힌 늦깎이 시인의 깐깐한 시법을 보면서 우리는 그의 시집 간행에 안도의 숨을 내쉰다.

'미늘', 잘 알다시피 낚싯바늘의 안쪽에 미끼에 속은 불쌍한 고기가 한번 물면 아가리가 찢겨져 나가기 전엔 절대로 빠지지 않게 물고 있는 갈고리다. 이 미늘을 왜 시로 썼고 첫 시집의 표제로 삼았는가. 친정어머니가 만년에 실명하여 무진 답답한 세월을 사셨는데 큰딸을 붙잡고 무언가 자꾸 하소연

했지만 그저 그러려니 그 심중 깊이 헤아리지 않았단다. 그 어머니가 누군가. 평양에 직장이 있어 그곳에 사셨던 부모님이 광복을 맞이하여 소련 병사에게 시계를 주어 가며 38선을 넘어올 때 자신은 그의 어머니 배 속에서 남쪽으로 왔단다. 한데 출가외인 딸자식이라 부군이나 아이들 돌보느라 친정어머니를 돌보지 못했으리라. 그런데 그 어머니 여의고 요즈음 나이 들면서 그때 지은 불효가 갈고리 미늘이 되어 자기를 옥조이며 슬프게 한단다. 그래서 쓴 참회의 시요, 표제로 삼아 자신의 풍수지탄의 슬픔을 속죄하고 싶었다 한다. 이런 사연이 있는 시, 우리가 어찌 그냥 책장을 넘기랴. “어머니처럼 눈감고/ 서너 발 떼다/ 허공 휘젓다 가슴 덜컥 눈을 뜹니다// 캄캄한 적막 속에 외로움 올올이 돋운 가슴살/ 부둥키고 두려움에 떨며 하얀 밤 밝히셨나요”는 가위눌린 꿈속에서 언뜻 어머님을 뵙고 꿈을 깬 밤, 식은땀 젖은 공포영화 같은 꿈의 잔상을 더듬으며 실명한 어머님의 그 세월을 탄식하는 시구다. “치매 손 내미는 지금/ 당신의 기억 깊은 바다 밑 모래알 한 점마저 커져만 가는// 삐비꽃 눈웃음 풀어 늘 그 자리에 계시는 줄 알았습니다” “다시는 당신을 볼 수 없다는/ 크나큰 형벌에 꿈을 꿉니다”, 이 형벌의 꿈, 불효의 죄의식이 바로 ‘미늘’ 이다. 만삭인 배 속에서 자라고 있는 자신의 생명을 지키기 위해 38선을 넘으셨던 부모님, 특히 어머님께 이제는 효도할 기회를 놓쳐 버린 그 마음을 우리는 독자의 몫으로 남긴 여백이나 여운을 통해 느끼게 된다. 이 시의 주제라면 주제가 될 밑바닥에 숨은 작자의 의도를 어렴풋이 느낌으로 받아들

이게 된다.

봄날은
지천으로 일렁얄랑 흩어져
그만의 빛으로 한껏 부풀어 터지는

풋풋한 새 각시
뱃속에 날 담으시고
꿈꾸는 대동강 푸른 물빛에
하얀 호청 그리움 훌훌 뿌리고

대동강 물 길러 팔았다는
봉이 김 선달 먼 옛날얘기
가끔 애틋한 나래 깃 어머니 풀어낸다

살랑대는 나룻배 타고
능수버들 비단 풀어 놓은 능라도
휘이휘이 어디만큼 흐르시나요

대동강 서해에서 남녘의 물 합수하는데
날개 잘린 산하
몸 비틀어 말없이 흐르는 강물

고향땅 그리는
핏빛 세월 바람으로 흔들리는

—「대동강 연서」 전문

어떤 의미에서 시인의 잉태와 관련이 있는 시이긴 하지만 어머니 배 속에 있을 때니까 직접 본 대동강이 아니고, 또 그곳이 어머니의 연고지이긴 하나 자신의 태를 묻은 고향은 아니다. 살아 있는 자신은 법규에 매어 못 가는 땅, 그러나 육신의 고통에서 해방된 어머님은 대동강에 다녀갔는지 모른다. 봉이 김선달 얘기 듣듯 자신의 탄생 내력을 곧잘 말하신 어머니, 여기서는 「미늘」에서처럼 불효의 한보다 이상한 낭만도 담겨 홍취가 있어 보인다. 배 속에서 보았지만 여전이 절경인 대동강의 아름다움은 통일에 대한 열망을 느끼게 한다. 저주의 말을 담아 띄워 보내는 탈북 가족들 반공의 글보다는 그리움이 담긴 시 종남이가 북쪽의 아우인 종북이에게 보내는 대동강 안부 같은 여유가 있어 좋다. 이 세 편으로 그의 시집의 성격을 우선 헤아려 보고 잘 바랜 다듬이질 솜씨 같은 깐깐한 서정의 감칠맛을 음미해 보았다.

2.

회색 적막이 침묵으로 흐르는
병실 천장에 창백한 불빛 졸음 겨워 한다

어느 늙은 어머니
삶의 실낱같은 끄트머리 매달려
사랑하는 아들

몇 날이나 헤매며 불러 보는가

갈까마귀 무덤가 헤매며 흐느끼는 울음소리
긴 여운 물고 허공에 흩어진다

—「중환자실에서」 부분

중환자실 체험. 자신도 환자지만 급병이 아니어서 관찰자 입장에 놓여 있다. 병이란 육신 가진 인간에겐 필수적인 고통이다. 어떤 지병은 만성이 되어 낫기보다 지니고 사는 동반자와 같다. 신음 소리, 울음소리, 병원 특유의 소독 내음, 삶과 죽음의 분기점 같은 그곳에서 독특한 병실 체험은 매우 이채롭다. "젊은 날의 뜨거운 열정 날개 접어/ 가슴 시린 날/ 그리움 내리고/ 풀잎에 스치는 바람". 회색빛 병원 분위기와 달리 곱슬곱슬 고운 언어들이 실핏줄이 흐르듯 살아 있어 회생을 염원하는 삶의 열망이 그 특유한 서정과 어우러져 있다. "칼날 위에 선 바람도/ 길게 누워 조금은 순해진/ 지금 하얀 고독 등 기대며 어느 봄 길 걷고 있을까". 부정적인 병원 응급실 풍경이 회복실의 그것처럼 오히려 생기가 넘쳐 병을 극복하는 서정의 언어가 자기구원이나 의료적 치유의 효과와 맞물려 있는 듯하다. 자아탐구, 특히 병 속에서 자신을 추스르는 그의 시적 묘미는 비생산적 죽음이 아니라 생산적 치유와 창조의 미학에 닿아 있다. 자주 병원 신세를 지는 그의 병에 대한 투병과 친화의 심리적 갈등과 안정이 미묘한 뉘앙스를 일으킨다. 그의 시적 솜씨를 충분히 엿볼 수 있는 '미적 진지성의 경지' 다. 진실과 아름다움이 적절히 융합되어 시적 성공을 거두고 있다. "우울한 눈동자 어두운 회색빛 병원 담 틈새/ 고개 내밀어 거꾸로 매달려 있다// 눈이 물처럼 흐르는 어느 날/ 중환자실 파르스름한 불빛 아래/ 삶과 죽음 한 이불 속에서 숨길 허공 헤맨"(「가슴 시린 환희」)다. 회복실 풍경이다. 마취수술, 깨어나지 못할 수도 있다. 보호자는 서명을 하면서도 수술실로 실어 보낸다. 회복실 안내판에서 이름이 바뀔 적마다 긴장한다. 정작 당사자는 저승을 다녀올 시간이다. 그러나 친지를 만나고 자식과 남편을 만나고 '아 나 살았구나' 그 안도의 순간 의식이 끊어졌던 그 시간이 오히려 핏줄을 타고 짜릿하니 스민다. "창 너머 겨울 하늘 끝/ 깊고 푸른 고독 오소소 내리고/ 너무 아파 소리 내지 못하는/ 슬픔도 화려하다"(「가슴 시린 환희」). 마취가 풀리고 통증이 가시기까지 고통과 환희가 맞물려 있는 그 육신의 아픔, 그러나 그것이 분명 살아 있다는 증거다. 죽음은 바로 그 아픔이 사라지고 피의 순환이 멎는 순간이다. 환자의 눈은 스르르 감긴다. 다시 살아난 환희 그것이 바로 가슴 시린 환희일 것이다. "빛나는 햇살 부서지는 밝은 웃음소리/ 싱그러운 초록 물 떨어지는 푸성귀/ 생선들 은백색 팔딱거리는 합창 소리". 생명의 환희를 나타내는 시적 에스프리가 싱그러운 언어감각으로 비늘 돋은 시적 이미지를 잘 살려 내고 있다. 병실에서 이런 언어를 찾아냈다는 것은 자아탐구와 치유의 생명의식이 정서적 미감으로 아롱져 있다.

한 하늘 아리고 하얀 꽃불 지핀

빗장 푼 봄 햇살
어머니 동백기름 바른 쪽진 머리 가르맛길 내는

목련꽃 스치는 바람
젖빛 옥양목 치맛자락 흩어지고

못 잊어 머문 사랑
설운 꽃 비늘 나무 매듭마다
침묵으로 속울음 걸어 내는

사월이면 시절 인연 끈
희디흰 시린 불덩이 불사르는데
달빛 밟는 그림자로도 아니 오시려나

눈 시린 사월이여!
눈물 어린 사월이여!

—「사월의 비가」 전문

너무도 아름다운 연초록의 4월, 다투어 꽃들 피어나고 사랑하지 않고 못 견딜 온갖 꽃들 피어나고 창가엔 아양 가득한 웃음 흐르는 그토록 아름다운 4월이었건만, 생각해 보면 이 땅의 4월에는 슬픈 일도 많았다. '사월은 잔인한 달!', 이런 비유가 고정된 메뉴가 될 정도로 아픈 일 슬픈 일이 많았다. 특히 젊은이들의 죽음과 관련된 역사적 사월, 세월호의 침몰과 젊은 학생들의 죽음, 자연의 아름다움과 대조되는 인간사를 두고, 사월의 환희가 아닌 「사월의 비가」를 써야 하는 시인의 슬픔은 너무나 크다. 서정시의 승부, 그것은 언어의 미학이다. 언어를 자각한 시 1930년대에 김기림은 「오전의 시론」에서 낡은 감상의 시를 극복하고 당위의 시 졸렌Sollen의 시를 강조했다. 건강한 언어는 의료적 치유 효과가 있어 병을 낫게 한다. 자아탐구는 자기구원이며 병을 이겨 내게 하고 생명감을 불어넣는다. 병든 감상의 시에서 생명의 시, 사랑의 시, 환희의 시를 지향하는 엘리자베스 브라우닝의 치유, 로버트 브라우닝과의 연서와 그와의 만남, 침대에 묶여 지내던 그 소아마비의 소녀가 시로써 지병을 치유한 것처럼 슬픔과 죽음이 얼룩진 4월이 이제는 생명의 등불을 켜는 사랑의 계절 라일락의 향기 날리는 그런 밝은 햇살 「피파의 노래」가 울려 왔으면 좋겠다.

3.

자연, 문명 이전의 지구의 수많은 생명들, 자연을 정복하거나 이용하려는 인간 중심 사고에서 많이 파괴하고 훼손되어 요즈음은 자연보호라는 구호가 등장해 있고 과도한 산업사회의 폐단 속에서 '자연으로 돌아가라.' 라는 해묵은 주장이 이제 21세기 생태계 파괴를 막고 지구의 수명을 지키려는 특명으로 등장하고 있다. '꽃' 은 자연 중에서도 사람들의 사랑을

한 몸에 받는 최고의 미인들이다. 아파트 벽돌 속이나 화분이라도 가까이 두려고 온갖 노력을 기울인다. 영물시는 누구나 즐겨 쓰는 서정시의 단골 메뉴로, 시인의 시에서는 야생의 싱그러움은 아니나 병실이나 응접실 아파트 창가에 또는 온실에서 시인의 벗으로서 등장한다. 「벚꽃」을 필두로 「야래향」「목련」「꽃무릇」「매화꽃」「배롱나무」「모과」「난」 등 많은 화초시가 눈에 띈다. "밤빛 짙어지면 연두 몽우리/ 애간장 태운 언어 잊고/ 달빛 섞어 정염을 사르는/ 가녀린 몸짓의 눈물을// 너를 꽃이라 불러 주지 못해/ 밤마다 문간에 먼저 나와 내 어깨를 툭 친다"(「야래향」). 꽃을 의인화시켜 꽃이라기보다 고독한 시인의 벗인 양 무척 정겹게 표현했다. 섬세함에 여운을 풍겨 주는 '어깨를 툭 친다' 는 파격적인 시구는 생동감을 줄뿐 아니라 정겨움을 강력하게 한다. "건삽한 하루/ 후미진 마음 허섭스레기 고혹적인 향기로/ 나를 묶어// 밤마다/ 시든 푸른 가슴 죽을 듯/ 생의 마지막인 양/ 불 지르는" 치유의 언어, 한글 사전 어느 구석에 곱게 스며 있는 곰살 가운 우리말을 찾아내어 햇빛 쏘여 주는 그의 모국어 사랑은 자아탐구이면서 자기의 병을 이겨 내는 자연치료의 묘법이 아닌가 한다. "올해도/ 목련은 그 자리에서// 하얀 버선발 뒤 꿈치 들고/ 살포시 옷섶 여미며// 신음 소리 하얗게 들리더니// 오늘은 햇살에 걸터앉아// 밤새 눈물 찍은/ 자주 고름 풀어 헤친다"(「목련」). 목련을 의인화시켜 그림과 시를 잘 묶은 그 산뜻한 감각으로 인상화 터치가 영롱하다. 천의무봉 가까이 그의 언어감각은 색채와 향기를 공감각적으로 갈무리하고 있다. 시인은 모름지기 '언어의 장인匠人' '연금술사鍊金術師' 이길 염원하였다. 그 나이에 이러한 섬세한 언어감각이 살아 있다는 건 놀라운 일이다. "하얗게 시린 인연 꽃살문 비껴/ 땅속에 새 눈 틔어/ 불끈불끈 불꽃 튀어 오르고// 사랑으로 화르르 타오르는/ 정열적인 혼불/ 슬픈 황홀한 미소 지그시 그림자에 누인다// 빼진 일곱 살배기 손자 고개 숙인/ 꽃무릇 속눈썹 이슬// 애틋이 가을 묻어나는"(「꽃무릇」). 서정시의 승패는 언어에서 나타난다. 유일어란 그에 알맞은 단어는 하나뿐이란 뜻이다. 일물일어설, 피리엣 하나에도 우주를 담는다 했다. 구어체 시의 묘미를 터득한 그의 시는 세필로 새겨 놓은 인상파 그림을 연상시킨다. "뚝뚝 시름 떨군 자리/ 하얀 버선발 사뿐히 내리고/ 매화꽃 눈물 하늘 열리는// 하늘에 꽃구름 누벼 환히 길 밝히더니/ 꽃눈 뜬 아린 새순 그림자/ 떠나보내는 이별 연습 설움 가두고// 널어놓은 내 마음마저/ 덧없이 함께 걸어 떠나려 한다"(「매화꽃」). 참신성 면에서도 절창이다. 흔해 빠진 사군자의 관념적 찬미에서 고유한 전통적 미인의 맵시를 잘 뽑아냈다. 그의 언어는 도무지 헤프지 않으며 살갑고 온도 조절이 잘되어 있다.

4.

인생, 인간의 삶, 세상살이는 과연 즐거운 일인가? 슬픈 일인가? 그것들이 혼합된 희비쌍곡선인가. 어떤 사람은 낙천주

의를 어떤 사람은 염세주의를 강조한다. 시를 이루는 요소 중 인생관은 사상이나 정서에 영행을 미친다. 「고해苦海」라는 그의 시를 통해 그의 인생에 대한 견해를 알아보자.

똑같은 모습의 낮도 없고
같은 얼굴의 밤도 없다

세월 물발 갈퀴 걸려
똑같은 길도 없다

등 떠밀려 가는 헛짚어 가는 길

아름다운 꽃길은
순간과 찰나로 비끼고

날 선 칼날 부르튼 발 딛고
가슴 욱죄이던
뭉텅 잘라 내고 통곡하며 주저앉고 싶은 길

어느 하나 수월한 길은 없다
그래도 다시 한 번 가고 싶은 길도 더러 있다

—「고해」 전반부

인생은 사고[生老病死] 세상은 사파 가시밭길(형극로) 사막 같은 세상 고통으로 점철된 고난의 길 제행무상 중생이 사는 길은 예비지옥 다름 아니다. 그래서 인간들은 천당과 지옥을 가상으로 만들어 인생의 사후를 홍정하며 어떤 의미에선 혹세무민 인간의 고달픈 삶을 곧잘 농락한다. 어찌 그 일이 사고만의 일이랴. 중생衆生이란 단어에서 '즘생〉짐승' 이 나온 것을 보면 인간의 삶은 불똥 밟고 사는 고난의 역정이다. 그런데 왜 사는가? 그의 시에서도 90퍼센트는 부정적이지만 "그래도 다시 한 번 가고 싶은 길도 더러 있다" 라고 술회한 것을 보면 전면 부정은 아니다. 어느 시인의 "왜 사냐건 웃지요" 이런 시구에서는 긍정적인 삶의 자세가 엿보인다. 염세철학자도 인간의 삶을 부정적으로 정의했지만 자살하지는 않았다. 바둥바둥 기신기신 죽을힘을 다하여 살고들 있다. 그의 「고해」 후반부를 살펴보자.

별 풀잎 이슬 스치는 새벽녘까지
안개 밭고랑 치달으며 헤쳐 온 길
운명처럼 놓지 않고

오늘도 문밖에 허기진 얼굴 내밀고 서 있는
그를 따라 길을 나선다

바람에 마른 갈꽃처럼 떨며 쓸쓸한 길
사랑하는 사람은 어디에서도 만날 수가 없다
늘 시리고 춥더라

그 지나온 길
또 하나의 바람으로 서 있다

—「고해」 후반부

앞부분과 차이가 없다. 삶의 이유가 될 만한 단어로는 '운명' 이란 단어가 보인다. "문밖에 허기진 얼굴 내밀고 서 있는 그"는 아마 운명이 짝지어 준 동반자가 아닐까. 그와 함께 낳은 세 자녀, 그것이 바로 운명이고 삶의 이유가 아니었을까. 사랑하는 사람(구원자)도 없이 늘 시리고 춥지만 인생의 고행은 죽는 날까지 지속될 수밖에 없다. 여기에 시는 또 하나의 자기구원의 인간의 허무를 극복할 수 있는 이유가 될 것이다.

눈물이 난다는 건
삶을 절실히 사랑하는 것

옥빛 하늘이 너무 파래서
터지려는 봉긋한 꽃망울 진 이슬에
자꾸 슬퍼지고
아주 작은 일에도 울컥 치미는 눈물

(…중략…)

세월이 굵힐수록
눈에 보이는 상처보다
마음속 숨은 상처 더 많이 울어요

슬픔을 쓸어 내는 눈물

지금 울고 계신가요

흐르는 눈물
아픈 상처에 바르는 사랑의 묘약입니다

―「지금 울고 계신가요」 부분

괴롭고 슬프고 울고 싶고…… 인생은 고해 그것이 분명하지만 그 흘린 눈물이 바로 상처를 씻어 주는 사랑의 묘약이란 명답을 내고 있다. 슬프고 고통스럽지만 살아야 할 처방이 생긴 셈이다. 그리고 시를 쓴다는 것 그것이 바로 사랑의 묘약에 의한 새로운 생명의 환희임이 분명하다.

5.

녹원 정정순. 그는 나이 들어도 가슴이 뛰어야 쓴다는 정열의 소산인 시를 쓴다. 그러기에 그는 인생의 아픔이나 고통을 시로써 치유받고 자아탐구 속에서 자기구원을 이룩할 것이다. 21세기 지식정보화 시대 그는 첨단기술의 의료적 혜택을 받으면서 러시아 여행을 했고 상트페테르부르크(레닌그라드)에서 멋진 기행시를 쓰기도 했다. '왜 사냐건 웃지요' 가 아니라 '왜 사냐건 시를 쓰지요' 일지 모른다. 그의 시적 건강과 생명의식 그리고 시에 대한 열정을 가늠해 보기 위해 레닌그라드 기행시 한 대목을 낭독해 보자. 녹원과 더불어 우리도 인생을 긍정 쪽으로 바꾸어 놓을 분홍빛 인생을 찬미할 수 있을 것이다.

여인의 상앗빛 살결
둘둘 감은 미끈한 귀족 자작나무
눈부신 하얀 물결 하늘 오르려는 숲길

마차 타고 달리는
닥터 지바고와 라라
슬픈 사랑의 노래에 흔들리는

고뇌에 차이코프스키 비창
화려한 격동의 역사 허공 가르며
네바 강
출렁대는 강물 조율하며 떠다니는

스러진 밤 백야만이
그늘진 자작나무 등걸에 은빛 갈꽃 내리고

하늘 이은 창변에 일렁이는
스산한 한 줌의 바람 외로이 비껴선

상트페테르부르크여!
잠 못 드는 밤이여!

―「상트페테르부르크에서」 전문

그의 시적 성숙도와 더불어 낭만과 정열은 건강과 장수를 약속하고 남는다. 혁명의 와중에서도 인간은 연애를 하고 아이를 낳는다. 38선을 넘던 어머니 배 속에서 그 생명을 운명으로 타고난 그였기에 고통이나 슬픔을 잘 이겨 낼 것이다.

첫 시집이지만 100세 시대, 운명의 신이 허락한 당신의 녹원에서 닥터 지바고와 라라의 사랑을 자기 것으로 만드는 영원한 시의 운율 길이길이 푸르고 아름답길 기원한다.

2015년 2월
서은문학연구소에서
서은 문병란 삼가 씀

시인 정정순

전남 장성 출생
『한국문학예술』 신인상 등단
한국문학예술작가회 회원
서은 문학연구소 회원
동인지 : 『추억이 꽃무늬를 그릴 때』

E-mail : ccs1095@daum.net

미늘

지은이 | 정정순
펴낸이 | 김재돈
펴낸곳 | 도서출판 시와시학
1판1쇄 | 2015년 4월 30일
출판등록 | 2010년 8월 10일
등록번호 | 제2010-000036호
주소 | 서울 종로구 명륜동1가 42
전화 | 744-0110
FAX | 3672-2674
값 10,000원

ISBN 978-89-94889-87-0 03810